[redacted]

MW01699264

ISBN : 2.215.031.31.X
© Éditions Fleurus 1995
Dépôt légal : date de parution.
Imprimé en Italie.

BRAVO LA FAMILLE

l'histoire est vraie

[redacted]

La foire à tout

[redacted]

Texte :
Claude Clément

Images :
Christel Desmoinaux

[redacted]

FLEURUS ENFANTS

ÉDITIONS FLEURUS, 11, rue Duguay-Trouin 75006 PARIS

Vincent, Benjamin et moi, nous aimons bien nous rendre utiles. Lorsque Maman, prise d'une frénésie de rangement, s'est attaquée aux objets, aux meubles et aux vêtements qui encombraient la cave, le grenier et le garage, nous avons aussitôt trouvé autre chose à faire que de l'aider. Mais quand elle nous a dit que, si nous nous débrouillions pour vendre toutes ces vieilleries, elle nous laisserait l'argent que nous en retirerions pour notre usage personnel, nous nous sommes senti une âme de vrais brocanteurs.

Justement, le dimanche suivant, une *Foire à tout* devait se tenir sur le trottoir de notre rue. Une Foire à tout, c'est une foire à n'importe quoi. Il suffit de disposer deux tréteaux, une grande planche et de mettre dessus tout ce dont on ne veut plus dans une maison.

Maman a commencé par sortir de ses cartons un tas de vieux jouets qui avaient disparu mystérieusement de nos chambres. C'est ainsi que j'ai retrouvé mon nounours bien-aimé. Celui à qui il manquait une oreille et un œil, mais sans lequel je ne pouvais pas m'endormir. Le voir là, tout poussiéreux et rabougri au milieu des dînettes cassées, des puzzles éparpillés et des jeux de construction incomplets, m'a brisé le cœur.

Je l'ai serré contre moi et j'ai dit à Maman qu'on me passerait sur le corps plutôt que de laisser mon nounours adoré à l'étalage et à la merci d'un enfant inconnu qui lui arracherait l'autre œil et l'autre oreille. Elle avait l'air bien embêtée, et j'en ai profité pour aller réinstaller mon nounours sur mon lit.
Les discussions ont continué avec Benjamin, qui ne voulait pas que Maman se sépare du vieil aspirateur

dont il désirait récupérer la turbine,
de l'appareil de chauffage d'appoint
dont il utiliserait la résistance,
de la machine à laver hors d'usage
dont il souhaitait prélever le
programmateur... A bout de patience,

Maman s'est rabattue sur les vieux vêtements. Mais là, c'est elle qui a craqué devant le pyjama tout raccommodé que Vincent portait quand il était petit, qui avait ensuite été enfilé par Benjamin et que j'avais fini par déchirer sur une poignée de porte. Elle ne se résignait pas à se séparer de ce souvenir de chiffon qui lui rappelait tant de scènes de câlins.

Les anciens costumes de Papa
lui tenaient moins à cœur,
mais Vincent les trouvait géniaux
pour interpréter, en costume d'époque,
les tubes des années soixante-dix.

En fin de compte, dans tout le bazar que nous avions remué, il ne restait à mettre en vente que quelques meubles bancals, quelques pulls troués par les mites, quelques chaussures aux semelles défaillantes, quelques jouets irrécupérables et quelques objets inutilisables.

– Ça vous fera toujours quelques pièces d'argent de poche en plus... a déclaré Maman. Mais il faudra vous débrouiller tout seuls, car Papa, Mamie et moi, nous sommes invités à un tournoi de tennis dimanche. Nous déposerons Antoine chez la voisine. Comme ça, vous n'aurez pas à vous en occuper.

– Ne te fais pas de souci, je prends tout en main ! l'a rassurée Vincent.

– C'est bien ça qui m'inquiète... a murmuré Maman.

– Je suis là aussi, a affirmé Benjamin.
– Et moi aussi ! ai-je conclu.
Le dimanche matin, nous nous sommes levés très tôt.
Nous avons dressé nos tréteaux devant le portail de notre maison et nous avons étalé dessus les objets dont nous étions sûrs de vouloir nous séparer. Quand les premiers

clients sont arrivés, il nous a été très difficile de les persuader qu'une cafetière électrique en panne pouvait être d'une grande utilité.

– Que voulez-vous que j'en fasse ?

nous a demandé une dame.
Benjamin a eu beau essayer de lui démontrer qu'une cafetière électrique en panne pouvait être utilisée comme une cafetière ordinaire ou comme objet décoratif,

la dame ne semblait pas convaincue et elle s'est éloignée en haussant les épaules.
La matinée s'est écoulée sans que nous ayons rien vendu et nous commencions à désespérer lorsqu'un monsieur s'est approché et nous a dit, en pointant le doigt :
– Combien ?
Nous avons suivi la direction de son index et nous avons hésité à croire qu'il désignait le nain que Papa avait posé au milieu du jardin.

Ce nain avait une histoire. Papa l'avait, un soir, apporté du bureau, où il lui avait été remis solennellement par son patron en guise de récompense pour le je-ne-sais-plus-“combientième” contrat d'assurance décroché au cours du mois. J'en ai parlé à Benjamin, qui

m'a conseillé de faire semblant de ne pas comprendre ce que désirait ce client. Mais Vincent, qui partageait l'avis de Maman sur la valeur artistique de ce nain, a proposé un prix que le monsieur s'est aussitôt empressé d'accepter. Heureux d'avoir enfin quelque argent dans notre tiroir-caisse, Benjamin et moi, nous avons oublié l'incident.

C'est alors que nous avons vu arriver une dame qui, elle aussi, a pointé l'index en direction de la maison. Par la porte ouverte du salon, elle désignait le portrait de Tante Alexandra, que Papa avait toujours détesté, mais que Maman refusait de décrocher du mur en prétendant qu'il ne faisait de mal à personne et qu'on n'y prêterait même plus attention. Là, je dois dire que nous avons tellement hésité sur la conduite à adopter qu'il nous a fallu voter. Moi, le portrait de la Tante Alexandra me donnait des cauchemars quand je faisais la sieste sur le canapé et j'étais d'avis qu'il valait mieux s'en débarrasser.

Benjamin estimait que ça allait faire des histoires et qu'on allait se gâcher la soirée pour rien. Quant à Vincent, il était le seul d'entre nous à avoir réellement connu la Tante Alexandra et il prétendait que c'était la pire teigne qu'il ait jamais rencontrée. Une majorité s'étant déclarée pour la vente du portrait, nous l'avons cédé, cadre compris, pour la somme de 180 francs parce qu'elle était divisible par trois.

Le client suivant a pointé le doigt vers la tondeuse à gazon que Papa avait laissée en plan au milieu de la pelouse. Nous savions tous que Papa était amoureux de sa tondeuse à gazon. Il interdisait à quiconque de s'en servir, prenant un soin méticuleux à la graisser, à l'astiquer, à l'alimenter du meilleur carburant, à la promener en arabesques sur le tapis d'herbe, qui prenait alors les formes de son inspiration. Nous étions

étonnés qu'il l'ait abandonnée ainsi, sans surveillance, sans prendre soin de la ranger dans le garage. Il faut croire que ce tournoi de tennis lui tenait vraiment à cœur et qu'il comptait bien, cette fois, ne pas être battu par Mamie. Intrigués, nous avons demandé au monsieur ce qu'il pouvait bien trouver à cette tondeuse, somme toute très ordinaire. Il nous a déclaré qu'il cherchait ce modèle depuis longtemps, afin de remplacer une vieille tondeuse qu'il avait beaucoup aimée, qui avait rendu l'âme et dont il n'arrivait pas à se consoler. Nous nous sommes étonnés de l'attachement que les papas semblaient manifester à l'instrument qui occupait une partie de leur week-end. Mais il y a des choses qu'il ne faut pas chercher à comprendre. En tout cas, la tondeuse de Papa, nous savions qu'il valait mieux ne pas y toucher. Nous avons poliment refusé

la première offre du monsieur. Mais il a insisté et a doublé le prix qu'il avait proposé. Comme nous refusions toujours de céder l'instrument, il en a triplé la valeur. Là, notre refus a commencé à comporter une certaine intonation de regret... Alors, Vincent a proposé que nous fassions une pause dans les négociations afin de décider de la conduite à adopter. Nous avons abandonné le client devant les tréteaux et nous avons commencé nos messes basses autour de la tondeuse.

– Je pense qu'on devrait sauter sur l'occasion ! Vous vous rendez compte ? Vendre cette machine pourrie au triple de sa valeur !

– Oui, mais Papa l'adore... ai-je avancé.

– Tout de même ! C'est un homme d'affaires... et son sentimentalisme ne résistera pas devant notre sens du commerce !

Après avoir mûrement réfléchi, Benjamin a donné son opinion :

– Ce type a tellement envie de cette tondeuse que je suis sûr de pouvoir pousser le marchandage plus loin.

Epoustouflés par son assurance, nous avons résolu de le laisser faire et nous nous sommes retournés vers notre client. D'un air obstiné, Benjamin a secoué la tête. Le monsieur a eu un geste de découragement qui nous a noué la gorge. Allait-il renoncer et partir en nous laissant miroiter tous les sous que nous n'aurions pas ? Du coup, nous avons oublié Papa et nous lui avons cédé la tondeuse au dernier prix demandé sans discuter davantage.

A la fin de la journée, nous n'avions toujours pas réussi à vendre ce qui gisait sur nos tréteaux, mais nous avions cédé en plus la niche de Boudu, le cheval à bascule d'Antoine, mon petit frère, l'encyclopédie des vins en cinq volumes, le cordon de la chasse

des cabinets, la planche à repasser, la collection de petites cuillères des villes d'Europe et les rideaux de la salle de bains. J'étais en train de négocier la vente d'une des chaises de la salle à manger lorsque Papa, Maman et Mamie sont rentrés.

Notre magot n'a pas eu l'air de les impressionner. Au premier coup d'œil, Maman a reconnu sa chaise. Papa a remarqué l'absence de son nain et celle, plus cruelle encore, de sa chère tondeuse à gazon. Et il a fallu s'expliquer. C'est ainsi que nous avons appris que le portrait de Tante Alexandra n'avait aucune importance, mais que le cadre qui l'entourait valait son pesant d'or, que l'encyclopédie des vins en cinq volumes datait du début du siècle et était désormais introuvable, que

Papa tenait infiniment au cordon de la chasse d'eau, qu'il avait eu le plus grand mal à installer, que Maman ne se consolerait pas de la disparition des petites cuillères des villes d'Europe qu'elle collectionnait depuis son voyage de noces, que Boudu allait probablement mourir de froid cet hiver, qu'un vieux cheval à bascule, des rideaux de salle de

bains et une planche à repasser pouvaient bénéficier d'un attachement aussi considérable qu'un nounours borgne ou un pyjama d'enfant. Bref, nous avons eu droit à une sérénade en bonne et due forme.

Afin de compenser l'absence de ses cuillères, Maman a confisqué ma collection de pin's. Je ne voyais pas le rapport, mais, étant donné les circonstances, j'ai préféré me taire. Papa a obligé Vincent à réinstaller un cordon à la chasse des cabinets. Franchement, vu les dons de bricoleur de mon frère aîné,

Papa a pris des risques ! Je ne serais pas étonnée que l'eau nous dégringole sur la tête ! Mamie a demandé à Benjamin de refaire un cheval à bascule pour Antoine et une niche pour Boudu. Là aussi, je crois qu'elle ne se rend pas compte des conséquences de sa décision.

Un coursier supersonique, ce n’est pas forcément un jouet adapté à un bébé en couche-culotte. Et un chien dans une soucoupe volante, ça peut paraître bizarre devant une maison. Le prix des rideaux de la salle

de bains et de la planche à repasser a été ponctionné sur l'argent que nous avions péniblement gagné. Ce qui, à mon avis, n'est pas la meilleure façon d'encourager les jeunes au travail ! Enfin, l'adresse de l'acheteur de la tondeuse étant inscrite sur le chèque que le monsieur nous avait signé, nous avons dû aller le lui rendre et récupérer notre bien familial. Le problème, c'est que

l'acheteur n'était pas d'accord. Il nous a fallu marchander et nous avons fini par racheter l'outil préféré de Papa au quadruple de sa valeur ! Heureusement qu'un miraculeux trou de mémoire collectif a affecté Maman, Papa et Mamie. Ils ont semblé renoncer définitivement à l'encyclopédie des vins en cinq

volumes, au nain du jardin et...
à cette peste de Tante Alexandra !

Les as - tu lus ?

histoire vraie
Maman est débordée
Claude Clément / Isabelle Maquet
FLEURUS ENFANTS

histoire vraie
Le professeur est en colère
Claude Clément / Christel Desmoinaux
FLEURUS ENFANTS

l'histoire est vraie
Baby-sitter de choc
Claude Clément / Christel Desmoinaux

histoire vraie
Papa fait un régime
Claude Clément / Christel Desmoinaux
FLEURUS ENFANTS

histoire vraie
Un déjeuner mouvementé
Claude Clément / Christel Desmoinaux
FLEURUS ENFANTS

l'histoire est vraie
Des vacances pas tristes
Claude Clément / Mérel

l'histoire est vraie
Drôle de plombier
Claude Clément / Christel Desmoinaux
FLEURUS ENFANTS

l'histoire est vraie
Grand-mère est un clown
Claude Clément / Gabriel Luer

l'histoire est vraie
Papa n'aime pas les chats
Claude Clément / Nadine Soubrouillard

l'Histoire est vraie
Super Mamie
Claude Clément / Gabriel Luer
Fleurus Enfants

l'Histoire est vraie
Génial ! l'anniversaire de Juliette
Claude Clément / Christel Desmoinaux
Fleurus Enfants

l'Histoire est vraie
Le chien de personne
Claude Clément / Yves Lequesne

l'Histoire est vraie
Quel malheur ! un enfant bricoleur
Claude Clément / Christel Desmoinaux
Fleurus Enfants

l'Histoire est vraie
Tante Lili est extra
Jacqueline Pierre / Bernadette Landais
Fleurus Enfants

l'Histoire est vraie
Tonton catastrophe
Claude Clément / Christel Desmoinaux
Fleurus Enfants

l'Histoire est vraie
Julia n'en rate pas une !
Claude Clément / Christel Desmoinaux
Fleurus Enfants

l'Histoire est vraie
Maman a peur des souris
Claude Clément / Bernadette Landais
Fleurus Enfants

l'Histoire est vraie
Panique dans l'ascenseur
Christel Desmoinaux

Les as-tu lus ?

l'histoire est vraie
La classe de neige
Claude Clément / Gabriel Luer

l'histoire est vraie
Un Dimanche très agité
Claude Clément / Christel Desmoinaux

l'histoire est vraie
Qui va nous garder ?
Claude Clément / Christel Desmoinaux

l'histoire est vraie
Vive la colo !
Claude Clément / Christel Desmoinaux

l'histoire est vraie
Tonton farceur
Claude Clément / Christel Desmoinaux

l'histoire est vraie
La boum de Vincent
Claude Clément / Christel Desmoinaux

l'histoire est vraie
Benjamin passe à la télé
Claude Clément / Christel Desmoinaux

l'histoire est vraie
La journée de la Femme
Claude Clément / Yves Lequesne

■ ■ ■